LA BATALLA DE EL ÁLAMO

HISTORIAS GRÁFICAS

HISTORIA:
KERRI O'HERN Y JANET RIEHECKY

ILUSTRACIONES:
D. MCHARGUE

WORLD ALMANAC® LIBRARY

MUCHO TIEMPO ANTES DE QUE LOS TEJANOS Y LOS MEXICANOS LUCHARON EN EL ÁLAMO, LOS AMERINDIOS CADDO CONSTRUYERON PUEBLOS, CAZARON ANIMALES Y CULTIVARON COSECHAS EN EL ÁREA.

LOS CADDO SE IDENTIFICABAN COMO TEJAS, QUE QUIERE DECIR "AMIGO". POCO A POCO ESTA PALABRA SE USÓ PARA IDENTIFICAR TODA EL ÁREA. MÁS TARDE, LA GENTE QUE SÓLO HABLABA INGLÉS LO CAMBIÓ A "TEXAS".

EXPLORADORES ESPAÑOLES CONOCIERON A LOS CADDO EN LOS AÑOS 1500. LOS EXPLORADORES LLEGARON A BUSCAR ORO. DECIDIERON QUEDARSE Y TOMAR EL CONTROL DE ESTA TIERRA.

EN 1682, VARIOS SACERDOTES CATÓLICOS ESPAÑOLES CONSTRUYERON UNA MISIÓN EN TEXAS. UNA MISIÓN ES UN LUGAR DONDE SE ENSEÑA LA RELIGIÓN. LOS SACERDOTES LES ENSEÑARON A LOS NATIVOS ACERCA DEL CRISTIANISMO.

BONG

LOS ESPAÑOLES FUNDARON VARIAS MISIONES DURANTE LAS PRÓXIMAS DÉCADAS. UNA ESTABA CERCA DEL RÍO SAN ANTONIO. ESTA MISIÓN CRECIÓ Y CRECIÓ HASTA TENER VARIOS EDIFICIOS Y UN PATIO. LA MISIÓN ESTABA RODEADA DE MURALLAS Y EL AGUA PASABA POR EL MEDIO.

LA MAYORÍA DE LOS NATIVOS NO QUERÍA CAMBIAR SU RELIGIÓN, ASÍ QUE LA MISIÓN SE CERRÓ. EN 1801 LOS ESPAÑOLES EMPEZARON A USAR ESOS EDIFICIOS COMO UN FUERTE MILITAR. LOS SOLDADOS LO LLAMARON "EL ÁLAMO".

AL OTRO LADO DEL RÍO, EL PUEBLO DE SAN ANTONIO DE BÉXAR CRECIÓ. LA GENTE EMPEZÓ A LLEGAR Y SE ABRIERON TIENDAS.

> ¡VIVA MÉXICO!

LOS ESPAÑOLES HABÍAN GOBERNADO A MÉXICO DESDE LOS AÑOS 1500. ELLOS TENÍAN EL PODER Y LA RIQUEZA, MIENTRAS QUE LA MAYORÍA DE LOS INDIOS MEXICANOS VIVÍA EN LA POBREZA. DESPUÉS DE 10 AÑOS DE LUCHA, LOS MEXICANOS GANARON SU LIBERTAD EN 1821.

MÉXICO SE HIZO INDEPENDIENTE Y TEXAS SE CONVIRTIÓ EN UNA PROVINCIA GOBERNADA POR MÉXICO. DURANTE UNOS AÑOS, LOS MEXICANOS AYUDABAN A TOMAR DECISIONES SOBRE LAS LEYES DEL PAÍS.

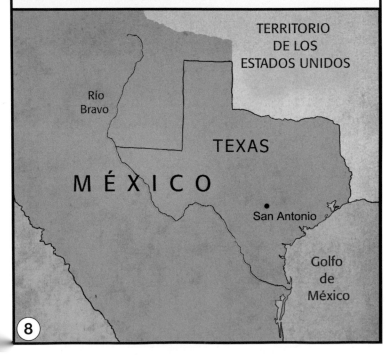

TERRITORIO DE LOS ESTADOS UNIDOS

Río Bravo

TEXAS

MÉXICO

San Antonio

Golfo de México

PERO EN 1833, EL GENERAL ANTONIO LÓPEZ DE SANTA ANNA SE DECLARÓ PRESIDENTE DE MÉXICO. Y PRONTO, ÉL TOMÓ TODAS LAS DECISIONES ACERCA DE LAS LEYES.

EL NUEVO GOBIERNO DE MÉXICO QUERÍA QUE LA GENTE FUERA A VIVIR A TEXAS. EN LOS AÑOS 1820, FAMILIAS ESTADOUNIDENSES BLANCAS, O ANGLOS, EMPEZARON A LLEGAR.

LA TIERRA ERA BARATA, ASÍ QUE MUCHAS FAMILIAS ESTABLECIERON GRANDES RANCHOS. ALGUNOS ANGLOS LLEVARON ESCLAVOS PARA QUE TRABAJARAN LA TIERRA. LOS MEXICANOS POCO SABÍAN DE LO QUE ESTABA SUCEDIENDO EN TEXAS Y LOS ANGLOS FIJARON SUS PROPIAS REGLAS.

PARA MEDIADOS DE LOS AÑOS 1830, LOS ANGLOS YA ERAN LAS TRES CUARTAS PARTES DE LA POBLACIÓN TOTAL DE TEXAS. ESTOS ANGLOS NO OBEDECIERON LAS LEYES DE SANTA ANNA. ERAN CONTRABANDISTAS, TENÍAN ESCLAVOS Y NO PAGABAN IMPUESTOS.

ATTENTION
NO ANGLO SETTLERS
MAY ENTER MEXICAN TERRITORIES
BY ORDER OF THE MEXICAN GOVERNMENT ORDER 65-TH

ATTENTION
NO ANGLO SETTLERS
MAY ENTER MEXICAN TERRITORIES
BY ORDER OF THE MEXICAN GOVERNMENT ORDER 65-TH

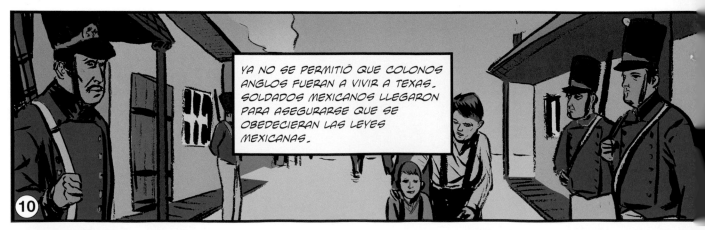

YA NO SE PERMITIÓ QUE COLONOS ANGLOS FUERAN A VIVIR A TEXAS. SOLDADOS MEXICANOS LLEGARON PARA ASEGURARSE QUE SE OBEDECIERAN LAS LEYES MEXICANAS.

LOS COLONOS ANGLOS TODAVÍA PENSABAN COMO ESTADOUNIDENSES. CREÍAN QUE LOS CIUDADANOS TENÍAN EL DERECHO DE INFLUIR SOBRE EL GOBIERNO. CUANDO SANTA ANNA TOMÓ EL MANDO COMO PRESIDENTE, REDUJO MUCHOS DERECHOS Y ÉL TOMÓ MÁS PODER.

LOS COLONOS ESTABAN DIVIDIDOS ENTRE EL GRUPO QUE QUERÍA SER PARTE DE MÉXICO, LLAMADO EL "PARTIDO DE LA PAZ" Y EL QUE QUERÍA INDEPENDENCIA Y QUE SE LLAMABA EL "PARTIDO DE LA GUERRA".

WILLIAM TRAVIS, UN ABOGADO DE CAROLINA DEL SUR, SE UNIÓ AL PARTIDO DE LA GUERRA EN 1831.

EN JUNIO DE 1835, WILLIAM TRAVIS, JUNTO CON UN GRUPO DE 25 HOMBRES, ATACÓ EL FUERTE MEXICANO EN ANAHUÁC.

¡VIVA TEXAS!

ARMADOS CON SÓLO UN CAÑÓN, EXIGIERON QUE LOS MEXICANOS ENTREGARAN EL FUERTE.

¡NO REGRESEN!

EL FUERTE CAYÓ SIN LUCHA.

LUGARES CLAVES EN LA LUCHA POR LA INDEPENDENCIA

Batalla de San Jacinto

Río Brazos

San Felipe

Sitio de El Álamo

San Antonio de Béxar

Gonzales

Río San Antonio

Goliad

GOLFO DE MÉXICO

Anahuác

12

ESOS TEJANOS VAN A PAGAR CARO.

CUANDO EL GENERAL MEXICANO MARTÍN PERFECTO DE COS SUPO LO QUE HABÍA PASADO, SE PUSO FURIOSO. QUISO ENCONTRAR A LOS 25 HOMBRES, PERO NINGÚN TEJANO ESTABA DISPUESTO A AYUDARLO. NI SIQUIERA EL "PARTIDO DE LA PAZ" QUISO DECIRLE DÓNDE ENCONTRAR A LOS MIEMBROS DEL "PARTIDO DE GUERRA". ¡LOS COLONOS SE UNIERON CONTRA LOS MEXICANOS!

EL EJÉRCITO MEXICANO NO QUERÍA PERDER OTRO FUERTE. EL GENERAL COS Y SUS TROPAS SE INSTALARON EN SAN ANTONIO DE BÉXAR Y EMPEZARON A QUITARLES LAS ARMAS A LOS TEJANOS.

BOOM

CRASH

LOS TEJANOS EN GONZALES, UN PUEBLO CERCANO, SE NEGARON A ENTREGAR LAS ARMAS. ESTOS REBELDES DISPARARON PRIMERO. DÍAS DESPUÉS, EL 9 DE OCTUBRE DE 1835, LOS TEJANOS ATACARON EL FUERTE MILITAR EN GOLIAD Y GANARON. ECHARON AL EJÉRCITO MEXICANO.

LOS TEJANOS CELEBRARON, PERO LAS TENSIONES AUMENTARON...

DESPUÉS DE LA BATALLA EN GONZALES, MUCHOS ESTADOUNIDENSES SE UNIERON A LA LUCHA EN TEXAS. NO ERAN SOLDADOS, PERO SABÍAN USAR LOS RIFLES MUY BIEN.

¡OTRO!

EL GENERAL AUSTIN DEL EJÉRCITO REBELDE DIRIGIÓ UN ATAQUE CONTRA EL CUARTEL MEXICANO EN BÉXAR. JUNTO CON 500 VOLUNTARIOS, RODEÓ A EL ÁLAMO.

MIENTRAS TANTO...

¡ES HORA DE LA REVOLUCIÓN!

EN NOVIEMBRE DE 1835, 57 TEJANOS SE REUNIERON EN SAN FELIPE Y ESCRIBIERON "UNA DECLARACIÓN DE CAUSAS". DECLARABAN LAS RAZONES DETRÁS DE LA REVOLUCIÓN CONTRA MÉXICO. LOS ANGLOS EN TEXAS ESTABLECIERON SU GOBIERNO Y ELIGIERON COMO GOBERNADOR A HENRY SMITH. SAM HOUSTON FUE EL COMANDANTE DEL EJÉRCITO REBELDE.

General Austin

Commander Houston

EL EJÉRCITO MEXICANO SE RINDIÓ DESPUÉS DE 4 DÍAS DE UNA DURA LUCHA. LOS REBELDES TEJANOS POR FIN TOMARON BÉXAR Y EL ÁLAMO.

¡REGRESARÁN!

SÍ, SEÑOR.

¡Y RETOMARÁN EL ÁLAMO!

SANTA ANNA ESTABA FURIOSO. MANDÓ UN GRAN EJÉRCITO PARA RECUPERAR BÉXAR Y EL ÁLAMO.

SE QUEDARON 100 VOLUNTARIOS PARA DEFENDER EL ÁLAMO. EL GENERAL HOUSTON MANDÓ A SU FIEL JAMES BOWIE PARA DECIDIR SI VALÍA LA PENA DEFENDER EL ÁLAMO. BOWIE, UN COMANDANTE DEL EJÉRCITO TEJANO, DECIDIÓ QUE SÍ.

¿LISTO PARA LUCHAR, JIM?

EL GOBERNADOR SMITH MANDÓ A WILLIAM TRAVIS, UN TENIENTE CORONEL DEL EJÉRCITO TEJANO, PARA QUE AYUDARA A DEFENDER EL ÁLAMO.

18

BOWIE Y TRAVIS LLEGARON CON 30 HOMBRES CADA UNO. ADEMÁS LLEGARON 12 TIRADORES DE PRIMERA CON DAVY CROCKETT. CAZADORES Y TRAMPEROS TAMBIÉN SE UNIERON A LA LUCHA. AUN ASÍ, EL ÁLAMO SÓLO TENÍA POCOS DEFENSORES.

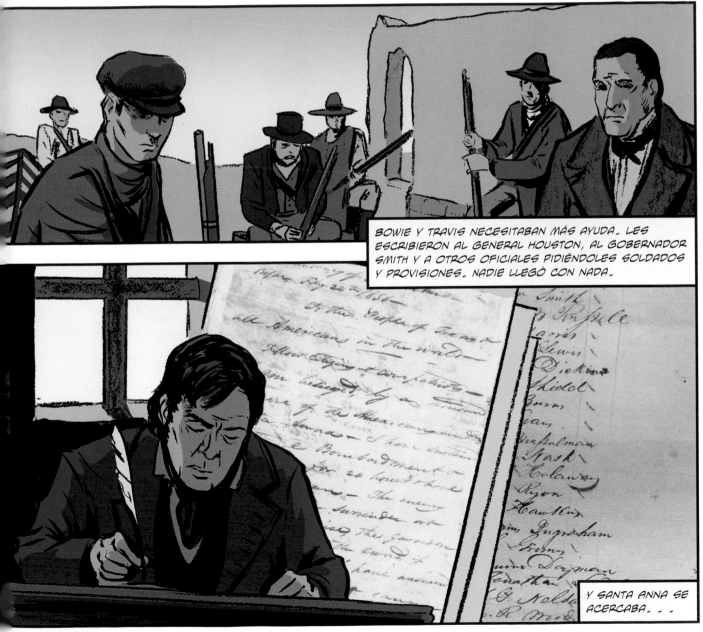

BOWIE Y TRAVIS NECESITABAN MÁS AYUDA. LES ESCRIBIERON AL GENERAL HOUSTON, AL GOBERNADOR SMITH Y A OTROS OFICIALES PIDIÉNDOLES SOLDADOS Y PROVISIONES. NADIE LLEGÓ CON NADA.

Y SANTA ANNA SE ACERCABA. . .

SANTA ANNA Y SU EJÉRCITO LLEGARON EL 23 DE FEBRERO DE 1836.

¡ADENTRO!

TODOS LOS QUE ESTABAN CERCA DE EL ÁLAMO ENTRARON. LLEVARON COMIDA Y PROVISIONES.

SANTA ANNA SACÓ UNA BANDERA ROJA CON UNA CALAVERA Y DOS HUESOS CRUZADOS. ¡EMPEZÓ LA LUCHA!

RODEARON EL ÁLAMO Y DISPARARON CONTRA LOS MUROS.

POR 13 DÍAS CAYERON BALAS DE CAÑON SOBRE EL ÁLAMO.

DENTRO DE EL ÁLAMO, LA GENTE TENÍA HAMBRE, SED Y FRÍO. UNOS VOLUNTARIOS SALIERON PARA TRAER COMIDA, AGUA Y LEÑA.

TAMBIÉN LLEGARON 30 VOLUNTARIOS MÁS. QUERÍAN AYUDAR A LUCHAR.

¡DEBE DE HABER MILES!

DENTRO DE EL ÁLAMO HABÍA CERCA DE 300 PERSONAS. ALGUNAS ERAN MUJERES Y NIÑOS. PODÍAN VER LO DIFÍCIL QUE ESTABA LA SITUACIÓN.

AFUERA HABÍA COMO 2000 SOLDADOS DE SANTA ANNA. ACAMPABAN CERCA DEL FUERTE Y ESPERABAN ÓRDENES.

PASADA LA MEDIANOCHE DEL 6 DE MARZO DE 1836, LAS ÓRDENES LLEGARON.

SANTA ANNA ORDENÓ QUE LOS SOLDADOS SE QUITARAN LOS SACOS Y SARAPES PORQUE NO QUERÍA QUE HICIERAN RUIDO NI TROPEZARAN AL MOVERSE. LES ORDENÓ QUE RODEARAN EL ÁLAMO PARA EL ATAQUE.

JUSTO ANTES DEL AMANECER, EMPEZÓ EL ATAQUE.

¡AL ATAQUE!

¡VIVA MÉXICO!

BOOM BOOM

LOS TEJANOS NO LO ESPERABAN. ESTABAN AGOTADOS Y MUCHOS ESTABAN ENFERMOS.

¡QUÉ CUENTE CADA BALA!

AUN ASÍ TOMARON SUS POSICIONES Y LOS TIRADORES DE PRIMERA EMPEZARON A DISPARAR.

LOS TIRADORES DE PRIMERA MATARON AL PRIMER GRUPO DE SOLDADOS MEXICANOS.

PERO LOS MEXICANOS SEGUÍAN ATACANDO.

¡AY!

BALAS DE CAÑÓN MEXICANO CAYERON SOBRE EL ÁLAMO. UNA DE LAS PRIMERAS MATÓ A TRAVIS.

LOS TEJANOS SE MANTENÍAN FIRMES Y LOS MEXICANOS VOLVÍAN A ATACAR. ESTA VEZ TENÍAN UN MEJOR PLAN.

POW

¡LISTOS!

LOS SOLDADOS DISPARABAN A LOS TIRADORES DE PRIMERA MIENTRAS . . .

¡ATAQUEN!

POW

EN POCAS HORAS LOS SOLDADOS MEXICANOS OCUPARON EL ÁLAMO.

TOMARON EL CONTROL DE LAS MURALLAS Y LES DISPARABAN A LOS TEJANOS.

LOS TEJANOS CONTINUABAN LUCHANDO.

¡YA ENTRARON!

PERO ERAN POCOS CONTRA MUCHOS.

¡ATRÁS!

¡CORRÍAN EN TODAS DIRECCIONES! MUCHOS TEJANOS MURIERON PRONTO.

¡A LA IGLESIA!

MUCHOS SE ESCONDIERON EN LA IGLESIA Y EN EDIFICIOS AL LADO DE LA MURALLA ESTE.

LOS TEJANOS USARON TODA ARMA A SU ALCANCE. USARON LOS RIFLES VACÍOS PARA ATACAR A LOS MEXICANOS. SACARON CUCHILLOS Y HACHAS. PERO LA MAYORÍA DE LOS TEJANOS MURIÓ.

UNOS TEJANOS QUERÍAN RENDIRSE, PERO LOS MEXICANOS LOS MATARON.

POOM

ENTRE LAS 6:00 Y LAS 9:30 A.M. TERMINÓ LA BATALLA.

POCOS TEJANOS SE SALVARON.

CERCA DE 500 SOLDADOS MEXICANOS MURIERON.

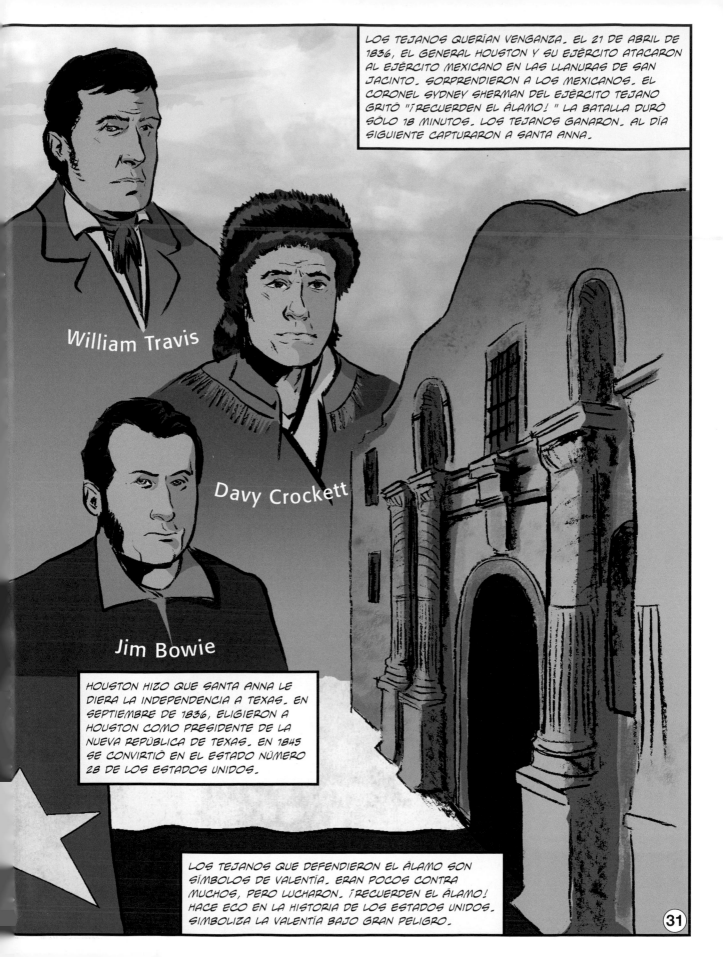

LOS TEJANOS QUERÍAN VENGANZA. EL 21 DE ABRIL DE 1836, EL GENERAL HOUSTON Y SU EJÉRCITO ATACARON AL EJÉRCITO MEXICANO EN LAS LLANURAS DE SAN JACINTO. SORPRENDIERON A LOS MEXICANOS. EL CORONEL SYDNEY SHERMAN DEL EJÉRCITO TEJANO GRITÓ "¡RECUERDEN EL ÁLAMO!" LA BATALLA DURÓ SÓLO 18 MINUTOS. LOS TEJANOS GANARON. AL DÍA SIGUIENTE CAPTURARON A SANTA ANNA.

William Travis

Davy Crockett

Jim Bowie

HOUSTON HIZO QUE SANTA ANNA LE DIERA LA INDEPENDENCIA A TEXAS. EN SEPTIEMBRE DE 1836, ELIGIERON A HOUSTON COMO PRESIDENTE DE LA NUEVA REPÚBLICA DE TEXAS. EN 1845 SE CONVIRTIÓ EN EL ESTADO NÚMERO 28 DE LOS ESTADOS UNIDOS.

LOS TEJANOS QUE DEFENDIERON EL ÁLAMO SON SÍMBOLOS DE VALENTÍA. ERAN POCOS CONTRA MUCHOS, PERO LUCHARON. ¡RECUERDEN EL ÁLAMO! HACE ECO EN LA HISTORIA DE LOS ESTADOS UNIDOS. SIMBOLIZA LA VALENTÍA BAJO GRAN PELIGRO.

PARA APRENDER MÁS

The Alamo. Ann Gaines (Child's World)

The Alamo in American History. Roy Sorrels (Enslow Publishers)

The Battle of the Alamo: The Fight for Texas Territory. Carmen Bredeson
(Lerner Publishing Group)

Inside the Alamo. Jim Murphy (Bantum Doubleday Dell Books for Young Readers)

La batalla de El Álamo. Hitos de la historia de Estados Unidos. Landmark Events in
American History (series). Janet Riehecky (World Almanac Library)

SITIOS WEB

Alamo History from The Daughters of the Republic of Texas Library
www.drtl.org/History/index.asp

The Alamo Site
www.thealamofilm.com

Remember the Alamo
www.pbs.org/wgbh/amex/alamo/peopleevents/e_alamo.html

Texas Almanac
www.texasalmanac.com/history/highlights/alamo/

The Handbook of Texas Online
www.tsha.utexas.edu/handbook/online/articles/AA/qea2.html

Por favor visite nuestro sitio web en: www.garethstevens.com
Para recibir un catálogo gratuito en color, en el que se describe la lista de
libros y programas multimedia de alta calidad de la World Almanac®
Library, llame al 1-800-848-2928 (EE.UU.) o al 1-800-387-3178
(Canadá). Fax de World Almanac® Library: (414) 332-3567.

Library of Congress Cataloging-in-Publication Data available upon
request from publisher. Fax (414) 336-0157 for the attention of
the Publishing Record's Department.

ISBN-13: 978-0-8368-7893-6 (lib. bdg.)
ISBN-13: 978-0-8368-7900-1 (softcover)

Spanish Edition produced by A+ Media, Inc.
Editorial Director: Julio Abreu
Editor: Adriana Rosado-Bonewitz
Translators & Associate Editors: Luis Albores, Bernardo Rivera, Carolyn
Schildgen
Graphic Design: Faith Weeks, Phillip Gill

First published in 2007 by
World Almanac® Library
A Member of the WRC Media Family of Companies
330 West Olive Street, Suite 100
Milwaukee, WI 53212 USA

Copyright © 2007 by World Almanac® Library.

Produced by Design Press, a division of the
Savannah College of Art and Design
Design: Janice Shay and Maria Angela Rojas
Editing: Kerri O'Hern
Illustration: D. McHargue
World Almanac® Library editorial direction: Mark Sachner
and Valerie J. Weber
World Almanac® Library art direction: Tammy West

Printed in Canada

1 2 3 4 5 6 7 8 9 10 10 09 08 07 06